Querida Carolh,

No olvides que eres
una hermosa obra
de arte creada
a semejanza de
tu Padre Celestial!

Carmen Pimentel

ÁMATE ¡NO TE QUEDES!

Libérate de las cadenas del maltrato

Carmen Pimentel

BIENETRE
EDITORIAL

Ámate ¡No te quedes!

Libérate de las cadenas del maltrato

Carmen Pimentel

Publicado por: Editorial Bien-etre.

Diseño y Diagramación: Esteban Aquino, Ce Advertising.

ISBN: 978-9945-628-18-0

Edición: Editorial Bien-etre.

www.a90d.com

Primera edición 2021.

A mis hijos, mis joyas más valiosas:
Laiza, Enmanuel y Abel.

A mis nietos: Daniel, Axel y Diego,
por darme nuevas esperanzas y la
oportunidad de experimentar lo maravilloso
y emocionante de ser abuela.

A aquellas mujeres que se encuentran
dentro de una relación violenta, y no han
encontrado el camino a la libertad.

ÍNDICE

CARMEN PIMENTEL

Agradecimientos

A Jesucristo, por ser el guardador de mi vida.

A cada pastor que me ha confiado enseñar o predicar en su congregación, dándome un espacio para crecer.

A las instituciones, personas que trabajan con sentido de responsabilidad para ayudar a las mujeres en una relación de violencia.

Especial gratitud a cada persona que de una u otra manera ha colaborado para la realización de este libro. Personas que me animaron y estimularon.

A mis amigas y hermanas en la fe, por sus constantes exhortaciones y aliento para que escribiera. ¡Gracias del alma!

A cada persona que abra, lea y comparta esta obra.

CARMEN PIMENTEL

PRÓLOGO

Abordar el tema de la violencia contra las mujeres, ha de requerir un enfoque integral y multidisciplinario, que incluya a los diferentes sectores y actores posibles de una de las tramas dolorosas que más impacta al contexto familiar y social de los pueblos del mundo.

Ámate ¡No te quedes!, Libérate de las cadenas del maltrato. Es una obra singular, escrita por Carmen Pimentel Guillén, una mujer con una especialidad en Educación, avalada por sus años de experiencia y, con estudios en Terapia Familiar. La singularidad de su obra radica en que la ha escrito, y, la ha vivido.

Sus vivencias le imprimen categoría de relevancia existencial, no por ser única e irrepetible, sino por ser parte de una realidad muy conocida y palpable en diferentes contextos del mundo. Correr el riesgo como mujer, de experimentar algún tipo de violencia, es tan real como la vida misma. Esta es pues, una obra recomendada para su estudio y análisis, tanto a nivel personal como grupal.

Nos presenta una ilación de contenidos clásicos a través de los siete capítulos que engalanan su obra. Sin dejar de presentarnos en primer lugar, teorías y descripciones de los tipos y etapas del círculo de la violencia y la consiguiente distancia que separa lo planteado de manera jurídica a la atención real y debida de protección y apoyo.

En segundo lugar, el atrapamiento de la víctima y su imposibilidad de liberarse de su agresor, quien la acorrala, lacerando su valía como persona. En tercer lugar, nos presenta las ambivalencias en cuanto a expectativas ilusorias de cambios de la víctima frente a su agresor.

En cuarto lugar, se explaya en su enfoque de vivir en la injusticia relacional, en la cual toda la familia sufre a la vez, junto a la víctima. Un principio relacional establece, que cuando un miembro sufre en una familia, todos los miembros sufren con él. Y plantea que, se enferma en familia y, se sana en familia. La mujer, no es la única víctima física y emocional de la violencia hacia lo interno de la familia.

En quinto lugar, realiza cuestionamientos contundentes respecto a la Red de apoyo, que no apoya. Cuestiona a la llamada Teología Confusa de las llamadas comunidades de fe que alientan a la permanencia insostenible, con un alto riesgo de muerte que corren las feligresas, frente a sus agresores.

Enfatiza con vehemencia un enfoque de sumisión bíblica como una característica de lealtad, compromiso, respeto y humildad recíproca más que una relación subordinada entre el hombre y la mujer.

En esta obra en particular, la Lcda. Carmen Pimentel nos revela sus pensamientos y opiniones, cargados de un arrojo sin igual en los que abre su corazón, comparte sus emociones y el costo que significó para ella el viacrucis de sus experiencias emocionales.

Como una educadora consolidada, les presenta a las mujeres que han de leer esta obra, medidas para prevenir la violencia doméstica. Les plantea además un plan de seguridad, abre su corazón como mujer que ha sido víctima de la violencia, comparte su aliento, esperanza y les provee de ejercicios prácticos para su crecimiento personal.

Les augura el éxito, tal y como ella lo obtuvo, a través de sus poemas: ¡Camino a la Libertad!

Sus niveles de esperanza bienhechora son estimulantes:

¡Mereces una vida libre de violencia! Ámate ¡No te quedes!

Lcda. Bienvenida González Gómez

Introducción

Existen múltiples factores a tomar en cuenta para abordar el tema de la violencia doméstica cuando nos referimos a la víctima: fortalezas y limitaciones emocionales, físicas, de comportamiento, relaciones interpersonales. Por ejemplo, dentro de las emocionales están la autoestima; dentro de lo físico, las enfermedades, discapacidades y heridas; en el comportamiento, las habilidades laborales, autosuficiencia; en las interpersonales, la valoración de los otros.

La violencia contra la mujer constituye un tema de actualidad. Según la Organización de las Naciones Unidas (ONU) cada hora mueren 6 mujeres en el mundo víctimas de sus parejas o exparejas. Tema que abordamos en siete capítulos divididos en dos partes. La primera parte contiene conceptos y definiciones técnicas sobre la violencia doméstica, sus etapas y tipos, la víctima y sus traumas, características del agresor y las consecuencias más comunes que acarrean a los hijos al estar expuestos a la victimización de su madre viviendo en un ambiente inapropiado para su pleno desarrollo, incluyendo cuatro casos reales.

La segunda parte enfoca la importancia y la necesidad de que la familia, amigos, pastores y líderes ofrezcan apoyo a la víctima para que no esté sola en este desagradable y riesgoso camino. Propongo documentación para las medidas de prevención, plan de seguridad y una lista de instituciones para solicitar ayuda. Encontrarás técnicas y ejercicios útiles para que la sobreviviente identifique y use sus habilidades, y que reencuentre su valor perdido producto de lo vivido.

Cuando una mujer maltratada recupera su valía, poder de acción e independencia se percibe a sí misma habilitada y libre. Además, tendrás la oportunidad de conocer aspectos de mi historia y el camino que transité, como también mi proceso de recuperación, habiendo usado como herramienta principal el fortalecimiento de mi autoestima.

A través de este libro quiero transmitir valentía a aquellas mujeres que se encuentran en una relación de abuso, que digan ¡ya basta! y busquen liberarse. Logrado lo anterior estaremos cumpliendo nuestro objetivo principal.

No están solas. Hay mujeres que están o estuvimos en esa misma situación.

CAPÍTULO I

TEORÍA VS EXPERIENCIA PERSONAL

Una gran cantidad de personas cuando piensan en violencia contra la mujer, lo suelen asociar con un ojo morado, una costilla rota o marcas que se pueden ver, pero todo esto, es solo un tipo. En realidad, la violencia doméstica o de parte de su pareja es un patrón de conductas agresivas, coercitivas y controladoras que los hombres abusivos utilizan.

Este tipo de relaciones pueden tener todo o solo una parte de los tipos, ciclos, etapas y/o causas que desarrollaremos en este capítulo.

A la víctima le puede resultar no visible, aun estando, viviendo esta realidad. Es vivir en un mundo dominado por el miedo, evitar "hacer algo" que detone a tu agresor, qué decir, hacer, dónde ir, con quién hablar y con quién no, qué invitaciones aceptar, aparentar que todo está bien cuando no lo está y en repetidas ocasiones anhelar que sea solo un sueño y no una realidad y que ese evento sea el último en producirse. Miradas inseguras, estar en alerta, manejar secretos, responder a reclamaciones constantes, son solo una muestra pequeña del mundo aterrador donde se está inmersa.

Diferencia entre Violencia doméstica y Violencia intrafamiliar

Los terapeutas en Estados Unidos que trabajan en refugios o casas de acogida con mujeres víctimas de violencia doméstica prefieren el uso de *Violencia familiar* para referirse a múltiples formas de violencia en el contexto familiar, tal como el abuso a niños y ancianos. Mientras que, prefieren emplear *Violencia doméstica* para definir cualquier tipo de agresión proporcionada por un compañero sentimental hacia su pareja y violencia familiar a cualquier clase de violencia producida contra otro miembro de la familia. (Zarza, septiembre 2001).

La violencia doméstica incluye la agresión *física, sexual, psicológica, económica, verbal y emocional.* Es importante destacar que, lo que diferencia la violencia doméstica con otros tipos de violencia es que se recibe de quien se espera amor, afecto y respeto, mínimamente.

Solo quienes hemos estado en una relación de este tipo entendemos por qué las mujeres no se van. A las que nunca han sufrido maltrato, frecuentemente se les hace difícil entender. Me llama mucho la atención que, a pesar de tanta información al respecto, cada día los casos van en aumento. Entre 2011 y 2018 el aumento de casos asociados a delitos de violencia doméstica, intrafamiliar y delitos sexuales fue de un 109%.

En 2019, en República Dominicana, mataron a 149 mujeres, según los datos de la Procuraduría General de la República. A 85 de ellas, es decir al 57.4%, las asesinaron sus parejas o exparejas, en hechos calificados como "Feminicidios íntimos". Las otras 63 muertes, es decir el 42.56 % fueron clasificadas como homicidios de mujeres.

Desde mi punto de vista, las causas pudieran ser la baja tasa de denuncias de parte de las víctimas, ya que desconfían del sistema judicial y una condición particular en la modalidad de las órdenes de restricción otorgadas a las víctimas. Cuando se emite una orden de protección, en ocasiones se violenta la integridad de la víctima debido a que, por falta de personal especializado en este tipo de acciones, muchas veces la víctima tiene que llevar en persona y entregar en sus manos, la medida de restricción al agresor.

¿Qué es la violencia doméstica?

De acuerdo a la Organización Mundial de la Salud (World Health Organization), las Naciones Unidas define la violencia contra la mujer como: "Todo acto de violencia de género que resulte, o pueda tener como resultado un daño físico, sexual o psicológico para la mujer, inclusive las amenazas de tales actos, la coacción o la privación arbitraria de libertad, tanto si se producen en la vida pública como en la privada".

Hay personas, entre ellas la familia del agresor, que aceptan y validan las excusas y justificaciones de los hombres maltratadores diciendo "estaba borracho, estresado, perdió los estribos". Esto desencadena una herida y sensación de abandono a su suerte de la mujer que está siendo maltratada.

La mujer que sufre violencia es quien mejor sabe si su abusador es capaz de llevar a cabo sus amenazas, aunque puede racionalizar, minimizar o justificar el comportamiento de su pareja. Es tanto así, que suelen creer en las promesas de cambios y justamente caen en la trampa y son asesinadas por su pareja.

Cada mujer, sobreviviente o víctima experimenta la violencia doméstica de forma única. Por lo tanto, merece ser tratada con respeto y delicadeza por las autoridades, familiares, amistades, líderes, pastores. **Puedo dar testimonio de la falta de tacto al abordar lo que se está viviendo, pues en la mayoría de los casos lo hacen de manera irrespetuosa con señalamientos, opiniones y juicios.**

Tipos de violencia doméstica

Abuso físico: Es el comportamiento más fácil de reconocer incluye: Empujar, morder, arruinar, abofetear, estrangular, destruir posesiones, patear y lesiones como contusiones o fracturas.

Abuso psicológico o emocional: Es cualquier comportamiento dirigido para controlarte y/o dañar tu bienestar psicológico. Es una herramienta de maltrato invisible. He aquí algunos ejemplos:

Ataca tu vulnerabilidad, nivel de educación, te obliga a hacer cosas degradantes, amenazas de marcharse, restringe la aprobación o el cariño como castigo, incluye acciones como humillar, ridiculizar, desvalorizar tus palabras, gritos en la cara, decirte qué hacer, dónde ir, darle poco valor a lo que dices, impedir ver amigos o familiares, exhibir armas de fuego...Este abuso suele ser más devastador que el físico.

Abuso verbal: Se caracteriza por acusaciones, insultos, amenazas, juicios, críticas degradantes, órdenes agresivas y gritos, cuyo objetivo es socavar la dignidad y la autoestima. Por ejemplo, decirte cosas ofensivas acerca de tu peso, estatura, inteligencia, hacerte pensar que estás loca, burlarse.

Abuso sexual: Es cualquier encuentro sexual sin tu consentimiento, incluye contacto físico no deseado, penetración vaginal no deseada, tomarte fotografías sin tu consentimiento, amenazar con terminar la relación si no deseas tener sexo, en fin, ataques físicos contra partes íntimas de tu cuerpo.

Abuso económico: Es usado por el abusador a menudo para controlar, asegurándose de que la víctima de abuso dependa totalmente de él. Algunas formas de este tipo de abuso son: Prohibición a trabajar o estudiar, acechar o molestarte para poner en peligro tu empleo, no permite que tengas cuentas bancarias y pide constante información acerca del uso de tu dinero, también incluye esconder bienes familiares, restringir todo tipo de acceso a dinero o a tus pertenencias.

Ciclo de la violencia

Fuente: Tarjeta roja a la violencia (2014)

Etapas de la violencia

Una vez generada la violencia en una relación marital, lo que viene es un ciclo repetitivo que la sostiene. Ambos están íntimamente involucrados en una dinámica que comprende cinco etapas o fases. Según Currículo Nacional Base Guatemala, Leonor Walker, en su libro *Teoría del ciclo de la violencia* (1979) establece las etapas de la violencia. Que son las siguientes:

Etapa 1. Aparente calma

Aunque exista una aparente "calma", se da una serie de conductas donde la mujer se siente atemorizada, con la angustia de que la pareja se vuelva a enojar. Durante cada periodo de calma ella cree que el ciclo ha finalizado.

Etapa 2. Acumulación de tensión

La tensión es el resultado del aumento de conflictos en la pareja. El agresor es hostil, aunque no lo demuestra con violencia física, y la víctima trata de calmar la situación y evita hacer aquello que cree que disgusta a su pareja, pensando que puede evitar la futura agresión. Esta fase se puede dilatar varios años.

Etapa 3. Explosión violenta

Es el resultado de la tensión acumulada en la fase 1. Poco a poco las peleas y roces aumentan, se pierde la comunicación, la tensión aumenta y es tan insoportable que surge el episodio violento. El agresor ejerce la violencia en su sentido amplio, a través de agresiones verbales, psicológicas, físicas y/o sexuales. Es en esta fase cuando se suelen denunciar las agresiones o se solicita ayuda, ya que se produce en la víctima lo que se conoce como "crisis emergente."

Etapa 4. Arrepentimiento

Durante esta etapa la tensión y la violencia desaparecen y el hombre se muestra arrepentido por lo que ha hecho, colmando a la víctima de promesas de cambio. A menudo, la víctima concede al agresor otra oportunidad, creyendo firmemente en sus promesas. Esta fase hace más difícil que la mujer trate de poner fin a su situación ya que, incluso sabiendo que las agresiones pueden repetirse, en este momento ve la mejor cara de su agresor, lo que alimenta su esperanza de que ella le puede cambiar.

Etapa 5. Reconciliación

Esta fase se denomina también "luna de miel," porque el hombre se muestra amable y cariñoso, aparentando el regreso a la relación de afectividad. La agredida, que generalmente ama a su pareja, quiere creer en todas las promesas de cambio y así vuelven a reconciliarse pasando por un tiempo de enamoramiento y atenciones, muy rico y satisfactorio para los dos.

En este periodo se llevan mejor, pero lentamente al volver a relacionarse como es su costumbre, comienzan nuevamente los roces, las peleas y la tensión vuelve a aumentar, para llegar nuevamente a un episodio violento y otra luna de miel.

Esta etapa del ciclo de la violencia es lo que mantiene a ambos integrantes de la pareja en la relación, esperando los espacios de "la luna de miel". El ciclo se repetirá varias veces y, poco a poco, la luna de miel se irá haciendo más corta y las agresiones serán cada vez más violentas.

Las mujeres que han sido abusadas por sus parejas saben por experiencia propia, más que todo lo anterior, y eso resulta solo en teoría. Puedo afirmar que, salir de un tipo de dinámica como esta no se basa en conocer el contenido de las teorías. Conlleva algo más que el apoyo de las redes. Es una decisión que debe sobrepasar al miedo, la vergüenza, la duda y la culpa, pues está directamente relacionada a la autoestima y dignidad.

Reconocemos que la mujer maltratada carece de una valoración y dignidad de ella misma. Es un atrapamiento inconsciente en el que vive y justamente ha de requerir ayuda/asistencia emocional. Es posible llegar a un despertar, que te dice "no más", "hasta aquí", "no soy merecedora de esto", "lo lograré". Buscar en tu esencia la fuerza y el coraje que serán tus herramientas de ayuda.

Ley 24-97, sobre la Violencia contra la mujer e intrafamiliar de República Dominicana

Aunque la violencia contra la mujer puede ser perpetuada en diferentes ámbitos y lugares, es en el hogar donde se ejerce mayormente y donde con frecuencia es encubierta por considerarse un problema de pareja.

La mujer víctima de violencia de parte de su esposo o compañero es más frecuente de lo que podríamos imaginar. La intensidad del daño varía desde el insulto hasta el homicidio.

El Estado Dominicano contrajo compromisos en las convenciones internacionales con relación a la violencia contra la mujer y a raíz de ello se iniciaron las modificaciones necesarias que dieron como resultado la Ley 24-97.

Esta ley aborda un tema de dignidad para la mujer, pues por primera vez incluye la violación sexual contra la pareja. Además hace entender al hombre que la violencia es un delito y por tanto es penado por la ley.

Reseña y logros de la ley

Reseña

La ley 24- 97 modificó el Código Penal e instituyó como "delito la violencia intrafamiliar y contra las mujeres, dentro y fuera del hogar e incluyendo por primera vez la violación sexual entre parejas, siendo éste un avance del Estado Dominicano en materia de defensa de los Derechos Humanos."(General Assembly of the United Nations,1997)

Logros

En enero de 1997, se promulgó por primera vez en la República Dominicana una ley que penaliza cualquier forma de violencia que se cometa contra la mujer, hombre, niño o niña, es decir, sanciona todas las formas de violencia cometida contra los seres humanos.

Esta ley constituye un real avance para la sociedad dominicana, protege, en particular a la familia. Por primera vez, se castiga la violencia en el hogar, la ley castiga delitos que antes no eran sancionados, como; el abuso sexual, el incesto y el acoso sexual, de una forma mucho más efectiva y con penalización severa.

Aumenta las penas para el delito de violación sexual, abarcando otras formas de agresión que antes no figuraban como delitos, es decir, que no eran sancionadas, como, por ejemplo: la violación y el acoso sexual, la violencia entre parejas, antes considerados privado, ahora está contenido en la ley. (Ismael Guerrero, Rincón del Vago, UNICARIBE)

Lo importante es que la promulgación de esta ley sitúa a la República Dominicana entre los países de la región y del mundo que modificó la legislación para favorecer a la mujer. Constituyendo un gran paso de avance en términos legales, sociales e individuales para nuestro país.

Desafortunadamente, desde los tiempos de nuestros ancestros, la violencia doméstica es considerada como parte de la cultura y en cierto modo, se acepta como integrante de la formación familiar. "La violencia contra la mujer es quizás la más vergonzosa violación de los derechos humanos. No conoce límites geográficos, culturales o de riquezas. Mientras continúe, no podremos afirmar que hemos realmente avanzado hacia la igualdad, el desarrollo y la paz". Kofi Annan, Secretario Nacional de las

Naciones Unidas (1997-2006). Nos encontramos frente a un tema que es bastante antiguo y que, al día de hoy continúa con ciertas dificultades, aunque en la parte de su implementación ha tenido pequeños logros favorables para disminuir esta situación.

Jean Jacques Rousseau, fue considerado el más importante filósofo en la educación del mundo occidental. En su tratado titulado "Emilio" (1762), hace **doscientos treinta y cinco años,** idealizó que una mujer sabia es un castigo para el esposo, sus hijos, sus criados, y para todo el mundo. Desde la elevada estatura de su genio desprecia todos los deberes femeninos y está intentando hacerse a sí misma un hombre. El pensamiento de este importante filósofo nos muestra que en su momento el pensamiento Occidental marcó influencia en las artes, filosofía, música religión, cultura y educación.

Otro punto importante de referencia está contenido en la historia de nuestro país, República Dominicana, en la lucha por la defensa de los derechos de la mujer e inicia a principio de la década de los setenta cuando se declaró el 25 de noviembre como **"Día Internacional de no Violencia Contra la Mujer"**, en honor a las hermanas Mirabal, asesinadas en 1960 por la dictadura de Rafael Leónidas Trujillo. Esto se logra dentro del movimiento femenino de América Latina y el Caribe a solicitud de la delegación dominicana en un evento nacional en 1981.

Analizando lo anterior, vemos que este es un problema que viene desde nuestros ancestros, que tiene cientos de años, por tanto, la promulgación de esta ley es relativamente joven y aunque su contenido en sí misma es bueno en el momento de la aplicación, encontramos ciertas deficiencias.

Llama la atención el hecho de que, luego de que la mujer presenta la denuncia como víctima de violencia, no recibe la atención debida en términos de seguimiento legal y psicológico. Estar frente a un problema que abarca múltiples áreas: emocional, mental, económica, física, sexual, de seguridad, etc., demandaría un trato que abarque todas esas áreas, como parte de la necesidad real de la mujer que es víctima de violencia.

La víctima que toma la decisión de denunciar requiere de una atención integradora, que le garantice salir del ciclo de violencia. Ella necesita una protección integral. Al no recibir un trato digno puede presentar miedo, tristeza, cuestionamientos, indecisión y desorientación.

CAPÍTULO II

LO QUE VIVE LA VÍCTIMA

Es evidente que no todas las víctimas de violencia doméstica son mujeres, pero estadísticamente son el porcentaje más alto.

La violencia doméstica en República Dominicana no es un caso aislado. La región que forma América latina en el caribe se encuentra entre las zonas del mundo con más casos de violencia contra las mujeres, en proporción con su cantidad de habitantes. Según una nota de 2018 del portal de noticias de la ONU, "América latina es el hogar de 14 de los 25 países con las tasas más altas de feminicidios en el mundo y un asombroso 98% de los homicidios relacionados con el género, no son procesados como tal, y muchas veces quedan en la impunidad".

Cualquier mujer corre el riesgo de convertirse en víctima de violencia doméstica. Las estadísticas así lo revelan. La violencia doméstica ocurre independientemente de la clase socioeconómica, la raza, educación, situación de empleo, la capacidad física, el estado civil o la historia de la infancia. Puedo asegurarte que muchas mujeres reciben violencia doméstica y la desconocen debido a la creencia de que solo el maltrato físico la constituye.

Para una mujer víctima de violencia, la parte más difícil es admitir que su pareja la maltrata. Suelen pensar que la violencia exhibida por su pareja es provocada por ella o que la merece. Sintiéndose culpable, en consecuencia, asume quedarse y evitar que se repitan los eventos. Nada más equivocado.

Muchas de las mujeres que viven esta experiencia, sienten que no tienen alternativas, que deben quedarse en una situación de abuso, sin atreverse a buscar ayuda.

Si revisamos los casos que llegan a la muerte de la víctima o riesgos más altos, nos encontramos con que un alto porcentaje sucede en el periodo donde la víctima intenta salir e inicia los pasos para hacerlo. De ahí la importancia de la elaboración de un plan de salida seguro.

Las relaciones suelen comenzar con niveles de romanticismo y seducción, donde prima el amor y la intimidad mutua. Casi nunca comienzan en forma abusiva. En ocasiones, el "amor" y la intimidad van antes que las dinámicas abusivas. Estas dinámicas no siempre se presentan de manera expresa, se mediatizan las formas. Son violentas todo el tiempo. Para que tengamos una idea de lo que pasa en el ambiente de una mujer agredida, la psicóloga estadounidense y especialista en temas de violencia, Leonor Walker, elaboró la teoría del círculo de la violencia, que explica con claridad cuáles son los motivos por los que muchas mujeres se mantienen en una relación en la que sufren violencia. Lo anterior lo podemos visualizar en el gráfico del Círculo de la Violencia con sus respectivas etapas incluida la reconciliación: aparente calma, acumulación de tensión, explosión, violencia, agresión, culpa, arrepentimiento promesas y reconciliación, mencionados en el capítulo anterior.

En realidad, la violencia doméstica distorsiona lo que se supone debería ser el compañerismo o una relación basada en el respeto. Nos preocupa lo que los otros piensan.

La mayoría de las víctimas se sienten atrapadas, sin esperanza, solas, cansadas, inseguras, no saben cómo cambiar o detener esta situación. Sienten una confusión emocional, tanto así que podrían en algún momento estar convencidas de que son las culpables del maltrato que reciben. Resulta hasta difícil comunicar que los demás entiendan y puedan experimentar lo que se siente al estar dentro de este tipo de relación. Expresar sentimientos es una limitante para la mayoría de las personas, imagina para quien vive aterrada debido al abuso.

Dentro de las características sociológicas comunes a las mujeres, está el hecho de ser personas integradas, colaboradoras y sociables. Estas características comunes en las mujeres pudieran incidir en las maneras de cómo se invierte en la familia, pero, a la vez crear la falsa percepción de ser las salvadoras del hogar y la familia, a un costo elevado, poniendo en riesgo sus propias vidas.

Cuando le asigno un nombre a todo lo vivido, suelo utilizar la palabra **pesadilla**, de la que quisieras despertar y pensar que solo fue un mal sueño que nunca más deseas repetir. **Tristemente no es así.**

Se tiene la preocupación de no saber cómo asegurar la estabilidad y manutención económica de los hijos; no se siente con la confianza de cubrir sus necesidades diarias. Esta cruda realidad no le permite a la mujer, entre otros aspectos, salir de una relación perjudicial. Todo esto hace que se quede en una relación infeliz y en peligro, **olvidando que su bien más preciado es la vida y luego su valor como persona.**

Cabe destacar que, las relaciones con una estructura de violencia doméstica promueven y sostienen la descalificación e invisibilidad en este caso de la mujer involucrada, impactando de manera negativa su identidad, bienestar social, físico y psicológico.

La intención directa del agresor es hacia la autoestima de la mujer para lograr su destrucción. Hacerla sentir fea, vieja, bruta, inútil, incapaz, poca cosa. Propósito que la mayoría de las veces logra y utiliza para perpetuar su dominio y control sobre ella.

¿Por qué se quedan?

Las mujeres que viven esta situación suelen permanecer en las mismas, por las siguientes razones:

· El temor que le provoca la persona

· Miedo a ser juzgadas o señaladas

· Valores religiosos (hasta que la muerte los separe)

· No se reconocen como víctimas (se auto culpan)

· Falta de una red de apoyo familiar

· Carecen de información o desconocen sus derechos

· Piensan que: no pueden vivir sin él, no tienen donde ir, si se separan él las mata, debe soportar por los hijos

· La esperanza (algún día el agresor cambiará)

· Poca/baja autoestima

- Los hijos
- Inseguridad
- Apego emocional
- Por miedo a que le ocurra algo peor
- Dependencia emocional a figuras masculinas
- Están inmersas en lo que se conoce con el nombre de círculo de la violencia.

Si tienen hijos en común, a veces, se frena de denunciar porque es el padre de sus hijos y no quiere que lo detengan. En otras ocasiones, piensa que no está realizando de manera adecuada su rol de pareja y madre, manejando culpa, pues los está exponiendo, no son merecedores de las difíciles situaciones que viven y que se encuentran en peligro por causa de ella.

La culpa le drena la energía, le debilita de tal forma que puede enfermar mental y físicamente, y la vergüenza le produce auto rechazo.

Está atada a una cadena sobre la cual ella NO tiene poder.

En mi propia experiencia, fui confrontada fuertemente cuando en más de una ocasión utilicé el argumento de que no quería denunciarlo pues podría ir preso y es el papá de mi hijo, cosa que molestó a las autoridades que trataban de ayudarme.

La Organización Mundial de la Salud (OMS), estima que el 35% de las mujeres en el mundo ha sufrido violencia de su pareja, ofreciendo 10 señales a considerar:

1- Cómo te sientes en la relación

2- Continuos comentarios de menosprecio

3- Maltrato infantil previo (si él proviene de una familia donde existe maltrato familiar)

4- Alcoholismo

5- Consumo de drogas

6- Dependencia económica

7- Trastorno de personalidad antisocial

8- Celos

9- Relación emocional conflictiva y falta de comunicación

10- Ideología machista

Además de las 10 anteriores, pueden ser de ayuda las descripciones que abarcan los diferentes tipos de violencia de manera clasificada (capítulo I). Recordemos algunas:

Humillaciones, aislamiento, amenazas, ataques verbales, ridiculización, desprecio, control económico, relaciones sexuales en contra de tu voluntad, celoso, posesivo, te culpa por su comportamiento violento, empujones, bofetadas, te tira objetos, halones de pelo...

No olvides que la mujer puede ser abusada sin ser golpeada físicamente o abusada sexualmente.

Es importante destacar que, todas las señales mencionadas no incluyen todos los comportamientos que puedan ser de naturaleza abusiva. Lo más importante es cómo el comportamiento de su pareja hace sentir a la mujer. En realidad, muchas mujeres maltratadas nunca han sido agredidas físicamente.

Te animo a pensar que no hay excusa para que alguien te lastime emocional o físicamente. No existe razón, ninguna explicación sería razonable. A ti que te preguntas ¿y por qué ella no se va?, la mujer víctima de violencia se siente acorralada, aterrada, sola y que ha perdido el control de su vida.

Haciendo varios intentos fallidos –pues cree en las promesas de cambio hechas por su agresor–, podremos encontrar múltiples separaciones y reconciliaciones. En mi caso, esas reconciliaciones y oportunidades trajeron como consecuencia el enojo y el retiro de apoyo absoluto de parte de muchos familiares, en especial de mi padre.

Otra razón de que la mujer siga soportando maltrato tiene una explicación psicológica. Ella desarrolla una relación de dependencia de su pareja: "no puede vivir sin su victimario".

Las que logramos poner un alto y decidimos salir de manera definitiva, hemos de buscar ayuda de manera muy discreta, estar orientada acerca de los pasos más seguros a tomar. ¡Cuidado con las redes sociales y teléfonos, no dejes indicios! Un familiar o amigo de confianza puede ayudarte a buscar la información pertinente para recibir la ayuda.

Formas en las que la mujer experimenta el abuso doméstico

La siguiente *Rueda de Poder y Control* nos da una excelente descripción de qué forma la mujer experimenta el abuso doméstico:

Fuente: Connecticut Coalition Against Domestic Violence (2013)

Las siguientes señales son útiles tanto para ti si estás iniciando una relación de este tipo, como para asistir a alguna otra mujer que conozcas y, esté en una situación similar.

Señales de alerta:

ANTES	DESPUÉS
Se Muestra	*Se Muestra*
Súper simpático, alegre, cariñoso	Irritable, se enoja con facilidad
Interesado en cómo te sientes	Te dice cómo arreglarse y qué ropa usar.
Comprensivo	Desinterés de cómo te sientes
Eras importante para él	Ignora tus deseos y necesidades como si no existieras
Respetaba tus opiniones	Indiferente ante ti, y tu apariencia
Le gustaba como eras	Controla las llamadas

Ella se siente	*Ella Piensa*
Perseguida	Que él desconfía de ella
Controlada	Que es celoso
Humillada	Le tiene lástima
Nerviosa	Que está sola
Asustada por cómo puede reaccionar	No está segura si lo quiere
Poca confianza en sí misma	Puede perder la vida
	Que es culpable de lo que pasa
Vergüenza	Que no tiene valor, que no hace nada bien
Menospreciada	

Principales consecuencias para la mujer

Entre las consecuencias principales de pasar por lo que suelo llamar pesadilla están:

- Baja estima

- Sumisión

- Soledad

- Ansiedad, estrés, desorientación

- Depresión profunda: con una falta total de esperanza

- Trastorno del sueño y del apetito

- Incertidumbre, indecisión

- Expectativas no realistas: "él va a cambiar"

- Sentimiento de peligro, vivir en alerta

- Poco o ningún margen en la toma de decisiones

- Trastorno de alcoholismo y/o ludopatía (adicción patológica a los juegos de azar)

- En mi caso, mucha sensibilidad y rabia ante cualquier manifestación de violencia de un hombre a una mujer

Si eres víctima de violencia doméstica, no estás sola en esta pesadilla. Sé lo que sientes, te entiendo ya que estuve ahí y te afirmo que puedes salir. ¡No te quedes!, sal antes de que sea demasiado tarde. Hoy en día ya muchas no están, se quedaron y perdieron sus vidas.

CAPÍTULO III

EL AGRESOR Y SUS PROMESAS

El protagonista de este capítulo recibe el nombre de agresor. Es una persona con conductas agresivas que provoca daños a terceros. Fuera de casa suele ser un sujeto cariñoso, atento, amable y servicial con sus amistades y conocidos.

Él se ve como cualquier otro individuo. Es difícil imaginar su conducta agresiva con solo observar su imagen física. Los hombres agresores pueden lucir perfectamente normales y adecuados en su comportamiento social y, hasta logran concertar el reconocimiento público. Al punto de que las personas pongan en duda la palabra de la víctima.

Trata de imponer su poder y fuerza para que se haga su voluntad y ejercer dominio. Considera que su familia y mujer son de su propiedad, que él es el dueño de ellos.

Entre los mecanismos de defensa o formas de reaccionar está la inculpación, es decir, hacer responsables a otras personas y de manera enfática a su mujer por sus fracasos y problemas, usando esto para evadir la responsabilidad de su comportamiento.

El hombre violento no es exclusivo de una clase social, económica, raza, nivel educativo, edad, religión y es posible ubicarlo en cualquier ciudad o país del mundo. Aunque todavía no es posible generalizar sobre características personales, diversos estudios sobre el tema, encuentran ciertas peculiaridades y características comunes en la mayoría de ellos. Para poder establecer un patrón o un perfil propio del agresor. (Oscar Castellero Mimenza, Perfil psicológico del violador: 12 rasgos en común, 2017)

Principales características del agresor

- Presenta problemas de baja estima, aunque muestra lo contrario

- Tiene dificultad para mostrar afecto

- Es una persona celosa

- Demuestra inseguridad

- Emocionalmente inestable

- Se puede presentar como una persona inmadura

- A veces omite sus obligaciones familiares

- Enojo impredecible y por pequeñeces

- Historia de violencia: ha maltratado en otras relaciones

- Usa la fuerza en las relaciones sexuales no importando la voluntad de la mujer

Les resulta insoportable e inconcebible ser dejado por una mujer; su ego se desestabiliza.

Tácticas de control

Las tácticas de control son parte del patrón de comportamiento del agresor que puede ocurrir a diario o de manera esporádica. Todas las tácticas de control están relacionadas y tienen un profundo efecto en la víctima.

Aislamiento de la víctima

Usa frases como: "Te amo tanto", "quiero estar contigo todo el tiempo", "no puedo vivir sin ti", "eres todo lo que tengo"; logrando aislar a la víctima de las relaciones de apoyo. Critica a la familia de ella, monitorea todo lo que hace.

Usa a los niños

Preguntando sobre las actividades de la víctima: "¿A qué hora salió?", "¿con quién?". Amenaza con llevarse a los hijos, matarlos, o raptarlos como una forma de castigar a la víctima.

Daña las relaciones interpersonales de la víctima

Desacredita las relaciones de la víctima con otras personas, jefes, compañeros de trabajo, amigos y vecinos. Puede llegar a decirles que ella está loca, realiza acusaciones contra la pareja. Llega a revisar sus órganos sexuales externos, sus partes íntimas para ver si tuvo relaciones sexuales con otro.

Destruye propiedades

Golpea la pared, tira objetos, rompe sus posesiones favoritas, "mira lo que voy a hacer" "tú serás la próxima".

Esto puede incluir maltrato a mascotas, exhibición de armas de fuego o las llamadas armas blancas (machetes, cuchillos, puñales…) **Esta última de las armas blancas estuvo presente en algunas discusiones en mi caso.**

Acecha a su pareja

Aun viviendo en la misma casa, puede acechar o entrar sigilosamente tratando de asustarla, sin hacer ruidos al abrir puertas y usar llaves. Si no viven juntos, se dedica a seguirla, acosarla o aterrorizarla. Ya que se considera con derecho a saber todo lo que acontece y por esto la vigila obsesivamente.

Como dije al principio, el agresor puede ser muy amable con los demás, sin dejar de golpear a las mujeres para que hagan lo que él quiere. Si nos detenemos a escuchar los comentarios de personas entrevistadas después de un feminicidio/femini-suicidio, oiremos un común denominador en las opiniones: "Nunca pensé sería capaz de hacer eso", "era una persona tranquila", "no imaginaba pudiera pasar algo así".

Lo que nos deja ver con toda claridad que al agresor NO se le debe restar importancia debido a que constituye el elemento más peligroso en una dinámica de violencia doméstica.

Mi experiencia referente a las tácticas de control es que al principio sentía que él me amaba mucho, pero, con el paso del tiempo empecé a sentirme asfixiada, preocupada, controlada, dándome cuenta de que son mecanismos usados para que una no socialice y evitar que pudiera hablar sobre lo que estaba viviendo y me ofrecieran algún tipo de consejo y/o ayuda que, a él, "no le conviniera".

Utilizaba acusaciones en mi contra tratando de dañar mi reputación con argumentos como que yo estaba celosa o que me quería separar "porque tenía otro marido".

Su primer propósito es aparentar que todo está bien, que no ha pasado nada y en la fase de arrepentimiento, promesas y reconciliación, te llenará de regalos para restar importancia al último evento, cosa que tristemente casi siempre logra. Este es un patrón de conducta que aparece en un alto porcentaje en los agresores. Ejercen control sobre todas y cada una de las actividades de su pareja, anulando las decisiones y la voluntad de la misma. Deciden con quién puede o no hablar, a dónde puede o no ir, la vigilan para tratar de encontrar de qué acusarla.

Una de las tácticas de control más recurrente en su uso, es amenazar a la víctima con el hecho de que, si se separan, él se quedará con los niños. Esto aterra a la misma. Si tienes hijos, puedes imaginar el efecto que produce el solo hecho de pensar perderlos. Desde mi punto de vista, en un segundo lugar está la estrategia de recurrir a personas que él considera importantes para ti, con la finalidad de usarlos como "padrinos" y que aboguen en su favor acerca de su "real" arrepentimiento y promesa de cambio, para obtener el favor de que le des una oportunidad más. Por ejemplo, a tus padres, padrinos de la boda si son casados, pastores, sacerdotes y amigas, mostrándose como un excelente marido y buen padre, con tal de mantener la eficacia de su argumento y comportamiento.

Otro argumento recurrente es poner en tela de juicio el rol de la esposa: "ella no cumple con sus obligaciones de esposa y/o mujer".

En resumen, entre las principales motivaciones del agresor encontramos las siguientes:

- Necesidad de control o de dominar a la mujer
- Sentimiento de poder frente a la mujer
- Considerar la independencia de la mujer como una pérdida de control
- Obtener su objetivo de "aterrorizar", "denigrar" y "desvalorizar" a la mujer
- Liberación de una rabia al percibir un ataque a su posición de "cabeza de familia"

El hombre violento no está *"fuera de control"*. Su objetivo es entrenar a su víctima para que siempre haga lo que él quiere, esto (no le resulta fácil ya que con frecuencia realiza reajustes a sus demandas) resulta imposible ya que con frecuencia cambia sus demandas. Ellos (hacen uso del maltrato por los resultados que obtienen a través del mismo), maltratan porque les da resultados.

La conducta ejercida por el agresor es un delito y debería procesarse como cualquier otro delito violento. Él es el único responsable por sus acciones y solo recibiendo las consecuencias por las conductas dañinas cometidas, entre otros abordajes terapéuticos, podría modificar su comportamiento abusivo.

El castigo por sí solo no garantiza necesariamente el reordenamiento conductual. Eso queda comprobado en casos de agresores que después de estar detenidos por violencia, logran la libertad y matan a las víctimas.

CAPÍTULO IV

VIVIENDO LO INJUSTO

Antes de iniciar este capítulo reflexionemos sobre las siguientes preguntas:

1. ¿Pudiéramos concluir que sólo la víctima de violencia es la persona afectada o quiénes más podrían ser afectados?

2. ¿Cuáles podrían ser las consecuencias más graves?

3. ¿En qué medida pudiéramos prestar ayuda en un contexto de violencia?

Impacto de la violencia en el contexto familiar

La familia es el lugar ideal para la formación de seres humanos adecuados. Está diseñada para que los miembros, desde los niños hasta las personas mayores, sin importar sexo y edad reciban las atenciones necesarias en materia de cuidados, seguridad y estabilidad emocional. En fin, ser una fuente de bienestar que garantice un desarrollo pleno e integral.

Lamentablemente, esto dista mucho de la realidad que viven los hijos de parejas donde existe violencia doméstica en cualquiera de sus manifestaciones, pues todos los miembros de la familia sufren, lo que debiera ser justo se torna en vivir lo injusto. Se convierte en dolor, inseguridad, angustia y miedo. Cuando pienso en: **Viviendo lo injusto, es como ver la cara opuesta de las funciones que han de regir a una familia. Vivir lo injusto es**, recibir lo no esperado, estar obligados al maltrato y poder hacer muy poco o nada para cambiar esa situación.

En varias de estas familias, la madre es la encargada principal del cuidado de los hijos, y, si tomamos en consideración que la seguridad y cuidado de los hijos está estrechamente relacionado con su propia seguridad, tal cosa no existe para ella.

Presenciar a un padre que golpea, grita o insulta a una madre, ¿qué han de esperar los hijos de ella? A una madre deshecha y, con alta probabilidad de que proyecte en ellos su rabia e impotencia.

Murray Bowen, médico psiquiatra, dio origen a la teoría del enfoque sistémico transgeneracional, en la cual nos plantea la reproducción de patrones conductuales, donde el reciclaje de conductas negativas y/o positivas se proyectan en la siguiente generación y, una madre triste, o irritada constituye un factor de riesgo emocional para los hijos, quienes no entienden por qué su madre es fuerte y agresiva con ellos, una carga muy pesada para los hijos emocionalmente hablando.

Puede suceder además que un hijo haga una buena relación con mamá y se enfrente a papá, cuando lo saludable es que los hijos desarrollen una buena relación tanto con papá como con mamá. Otro aspecto importante es que lamentablemente las conductas negativas y/o positivas tienden a repetirse. Más adelante abundaremos en las consecuencias que la violencia ocasiona en los hijos.

Los precursores de una visión sistémica de la familia, basado en la teoría general de sistemas, sostienen que cuando existen conflictos en la interacción familiar se generan triángulos patológicos, los cuales son definidos como triangulación. Propuesta por Ludwing Von Bertalanffy (1976), Bowen (1960), Haley (1988), Minuchin (1989), Wynne, (1961, Sánchez y Gutiérrez, 2000),

La triangulación es un proceso relacional que implica la formación de una pareja (díada) con la inclusión de una tercera persona o, en contra de este. La principal aportación de Bowen es su pensamiento respecto a la función de los triángulos en la dinámica familiar. Tanto Haley, Bowen y Minuchin se dedicaron al estudio de diferentes familias y concluyeron que, aunque en todas las familias se crean pautas triádicas, estas pautas se harán más rígidas cuando la familia se enfrente a un cambio o sufra una tensión, y serán más flexibles en períodos de calma.

Además de la triangulación, las familias con patologías presentan baja diferenciación y alejamiento emocional. Todo lo anterior se corresponde a diferentes teorías que han estudiado familias con ciertas patologías y de qué manera esto afecta a sus miembros. El punto central es que cuando los hijos son privados de uno de los dos padres, les faltará un elemento fundamental para su desarrollo normal.

La teoría de los sistemas familiares descansa sobre un supuesto central que concierne a nuestro yo indiferenciado.

Es relevante observar cómo todos tenemos yoes débilmente diferenciados con relación a nuestra familia de origen; frente a ella permanecemos "indiferenciados" o sentimos una conexión a la que no se le ha encontrado solución.

Toda la dinámica anterior generará diferentes tipos de familias con características muy particulares y probables patologías.

Viviendo lo injusto en las áreas de desarrollo infantil

Las áreas del desarrollo infantil son: **cognitiva, socio afectiva o emocional, desarrollo del habla o lenguaje y física o motora.**

Cognitiva y socio afectiva son las más afectadas desde mi punto de vista. Veamos las concepciones a continuación:

Área cognitiva: son los procesos donde el niño empieza a comprender su entorno y a organizar mentalmente informaciones. Explora, crea niveles de pensamientos y capacidad para razonar, aprender, memorizar, y resolver problemas.

Área socio afectiva: para el desarrollo de esta área es de vital importancia que el niño se sienta amado y protegido por sus padres, para que de manera especial durante sus primeros años cuenten con un vínculo afectivo con la mamá y el papá, inicia el manejo de sus emociones que le permitirá formar relaciones y ayudarse a sí mismo. (NutribioKids, 2020)

A partir de las dos concepciones anteriores, me surgen las siguientes preguntas para reflexionar.

1. ¿Cómo crees que será el inicio del proceso de comprensión del entorno para estos niños?

2. ¿Qué clase de información organizará en su mente?

3. ¿En qué consistirá su exploración y qué terminará razonando?

4. ¿Estando preocupados por lo que está sucediendo en casa, podrán concentrarse para aprender?

5. ¿Podrá sentirse amado y protegido por sus padres?

6. ¿Desarrollará un vínculo afectivo con los padres, en especial con el papá agresor?

7. ¿Cómo será el inicio en la vida de ese niño respecto al manejo de sus emociones?

Consecuencias de la violencia doméstica para los hijos

Diferentes estudios indican que la violencia doméstica contra la mujer tiene consecuencias para sus hijos, ya sean como testigos o víctima de ellos. Básicamente los trastornos son presentados en la conducta y el aprendizaje.

"Estas consecuencias se traducen en problemas de conducta, escolares y falta de relación positiva con los compañeros." (Jaffe, Wolfe y Wilson, 1990).

Veamos algunas:

· Pensar que el mundo es un lugar hostil donde la gente es mala

- Baja estima y distracción
- Pesadillas y dificultad en el sueño
- Sentimiento de impotencia. "Qué puedo hacer para ayudar a mi mamá"
- Miedo a perder al ser que más ama
- En el caso de los adolescentes, pueden buscar aprobación a través de familias sustitutas en bandas o pandillas
- Debilidad en las áreas del desarrollo en especial: área cognitiva y socio afectiva
- Mayor riesgo de ser violento en sus relaciones futuras
- Puede mostrar aislamiento, ya que no tiene la capacidad para entender lo que está pasando

Revisemos estos casos reales:

Caso I

Caso de Max

"A mi corta de edad, 3 o 4 años, no recuerdo con exactitud, mi padre llegó un día a la casa. Era muy pequeño para recordar lo que decía. Recuerdo que gritaba, insultaba a mi mamá, la amenazaba de matarse junto a ella y se movía alrededor de toda la casa. Mi hermano y yo llorábamos como cualquier niño que se siente en una situación que no entiende. Esto volvió y pasó un tiempo después. Esa vez la amenaza incluía gasolina y fósforos. En esa ocasión, mi hermano y yo teníamos un poco más de entendimiento y llorábamos, temiendo perder a nuestra madre.

Los años pasaron y las cosas se calmaron, casi había olvidado todo. Hasta que de nuevo una noche lo oí gritarle a mi madre. Recordé todo lo que había vivido cuando era pequeño. Escuchar que le gritaba a mi madre es algo que aún al día de hoy me hace sentir que no había nada que yo pudiera hacer para ayudarla, siendo yo tan pequeño. Lo más preocupante es que mi papá siempre tenía bates, tubos y machetes en la habitación.

Recuerdo mi enojo y rabia. En la escuela, mis calificaciones eran bajas, sufrí pesadillas, ataques de nervios y depresión. Quería estar solo; quería evitar que le hiciera daño a la persona que amaba"

Caso II

Caso de Juancito

Hace un tiempo se registró un caso que involucraba a un niño de 8 años, quien presenció cómo su padre le quitó la vida a su madre y luego este le puso fin a su propia vida. Las consecuencias de tipo emocional para este niño generaron el olvido de leer y escribir, competencias ya integradas a su desarrollo escolar.

Caso III

Caso de Mercedes

Mercedes es una joven de unos 16 años. Ella afirma que a pesar de que la mayoría de los hijos desean que sus padres no se separen, ella no los quiere ver juntos, que daría la vida para que se divorciaran.

No comprende cómo su madre ha podido aguantar esta situación por tantos años. No los quiere ver juntos. Dice ser capaz de pagarle para que se separen. "¿Para qué quiero vivir con mis padres juntos, viendo a un papá abusador y a mi mamá triste?" Reitera que sería mejor que estuvieran separados y felices.

Caso IV

Caso de Eloy

Eloy es hoy en día un adulto de 30 años.

Este caballero, casado y con hijos, tras vivir en un hogar con violencia durante su niñez y parte de su juventud en una sesión terapéutica me comparte su historia:

"En cualquier hogar que esté pasando por violencia de género sea esta física o verbal se vive en continua angustia y con sentimientos de miedo, inseguridad e incertidumbre.

En mi caso, cuando era niño, por desgracia me tocó vivir en un ambiente como este gran parte de mi infancia, durante más de 10 años. Con relación a los sentimientos, la verdad nunca sentí miedo, quizás por mi forma de ser, pero sí, me sentía impotente de no poder resolver una situación la cual podía tener solución sin tener que llegar a extremos.

Lamentablemente, existen personas en el mundo que provocan estas situaciones, que no tienen la más mínima capacidad para pensar. Realmente, doy gracias a Dios porque a pesar de las amenazas y querer reaccionar de manera agresiva, siempre ayudado por el apoyo de mi madre, supimos mantenernos serenos y no tener que llegar a una situación trágica.

De mi parte realmente, quizás no tengo aún identificado en qué me pudo afectar esta situación en mi infancia, pero más que verlo como algo normal como pasa con algunos niños que ven esto en sus hogares y lo aplican también cuando crecen, entiendo que, para mí, ha sido un aprendizaje que al ver todo lo que ha sufrido mi madre quiero ser todo lo contrario a eso para mi familia. Muchas personas me dicen que me tocó madurar muy temprano y no sé si todo lo anteriormente mencionado implicó que tuviera que hacerlo.

Mi deseo es que ninguna familia tenga que pasar por una situación como esta. La familia debe estar en constante apoyo mutuo, tener un ambiente seguro y lleno de amor"

Si analizamos los cuatro casos, vemos cómo, aunque aparecen algunas consecuencias comunes: **impotencia y miedo**; encontramos rabia, enojo, depresión, daños cognitivos, rechazo. Es tanta la variedad de efectos que hasta el caballero Eloy (caso #4), afirma no puede identificar con claridad lo que siente, pero que lo ayudó a madurar y a decidir no querer jamás eso, para su familia actual, concluyendo que **todos vivimos la violencia de forma única y diferente.**

Reconocemos que debido al aumento del maltrato infantil se ha producido un crecimiento en la legislación para proteger a los niños. Trabajamos para desarrollar en nuestros niños una autoestima saludable, un crecimiento adecuado, con el afecto y amor que ellos requieren. Es la zapata sobre la que se desarrolla su carácter. Ellos no lo pueden hacer por sí mismos, de lo contrario tendremos personas con dificultad para las relaciones interpersonales, fracasados en el logro de metas y hasta con problemas de salud.

Si trabajas con niños de la manera que sea tienes un gran llamado: tocar sus vidas con alguna palabra de esperanza, quizás sea lo único que muchos de ellos reciban.

CARMEN PIMENTEL

RED DE APOYO QUE NO APOYA

Este capítulo tiene como propósito concientizar a la familia, amigos, pastores, instituciones, grupos y líderes cristianos sobre la importancia de mirar más de cerca la necesidad de un apoyo real que tiene la mujer víctima de la violencia.

Familiares y Amigos

Hay un refrán que dice: "En pleito de marido y mujer, nadie se puede meter", y este cobra vida cuando se presenta una realidad crítica entre ambos y su entorno se desentiende y minimiza cualquier daño, pudiendo entrar y apoyar.

El entorno concluye que no se debe involucrar, sino dejar que ellos como marido y mujer resuelvan su conflicto. Esta visión ha contribuido a retirar el apoyo necesario y sin proponerlo, darle paso a la violencia y destrucción, de manera especial, cuando una familia o amistad ha participado ayudando o apoyando a la mujer y después de una separación ella se reconcilia con su agresor. Casi siempre le retiran la colaboración de manera definitiva.

Tristemente, con mi padre pasó que en una de mis separaciones y reconciliaciones me dijo: "Puedo ver que te pasen por el frente muerta y no me importa. Si te dejas matar, bien muerta". Aún en este momento -hace ya 16 años él falleció- me retumban sus palabras y me entristecen tanto, que estoy llorando. Es una crueldad decir que nos gusta ser maltratadas, que de lo contrario no nos quedaríamos. No, no nos gusta. Las razones de quedarnos en la mayoría de los casos son de índole emocional, social, religiosa, económica, etc.

Otro definitivo no. No, nos los buscamos, no lo provocamos. La conducta violenta es una responsabilidad exclusiva de quien la practica y de quienes la sustentan y la promueven. **No se justifica de ninguna forma una patada, trompada, empujón.**

Por favor, jamás la hagas sentir responsable por la violencia de su pareja, no la juzgues. No es que se sienta atrapada, es que está atrapada. Aquí entra el enfoque sistémico: la acción y la reacción. ¿Hasta dónde se permite el maltrato?

Por otra parte, no es cierto que el maltrato psicológico o emocional no sea tan grave como el físico. Este tipo de violencia provoca consecuencias muy fuertes. Desde el punto de vista emocional, lo que sucede es que **no son verificables de manera visible, pero sí los resultados son medibles: ausencia del yo, autoinculpación, retraimiento, conductas evitativas, ausencia destreza para expresar el afecto, pobre desarrollo emocional.**

La mujer va perdiendo la seguridad en sí misma, producto de lo vivido y esto hace que le resulte más difícil dejar la relación, **más que críticas y opiniones lo que necesita es sentirse apoyada, acompañada.**

La falta de una red de apoyo hace que la decisión se alargue y sea más difícil. Es más triste y doloroso cuando tiene un desenlace trágico, ahí sí que no hay nada que hacer.

Obviamente el apoyo dependerá de si ella quiere salir, de lo contrario es un poco difícil. Es vital entender que la mujer probablemente ha perdido la razón de luchar.

Si necesitas ayuda, me gustaría orientarte acerca de cómo apoyar a ese ser querido que es una víctima. Conecta conmigo en:

Instagram como @Carmendpimentelofficial

Facebook como Carmen D Pimentel.

Puedes usar el hashtag #amateyliberate

Pastores y líderes cristianos

Desde el punto de vista etimológico, un pastor es la persona que cuida de sus ovejas. Quién debe ser imitador del pastor por excelencia que es Jesucristo y desarrolla las siguientes funciones: Enseña, protege, prepara, fortalece, se compadece y siente el sufrimiento de sus ovejas.

¿Buscas imitar las acciones del Buen Pastor? Él se centraba en las necesidades de la gente, de manera especial se compadecía de las personas que sufrían.

"Porque, así como el cuerpo es uno, y tiene muchos miembros, pero todos los miembros del cuerpo, aunque son muchos, constituyen un solo cuerpo, así también es Cristo" (**1 Corintios 12:12**).

"Es mi oración que cada pastor esté haciendo el trabajo para el que fue llamado. Se les pedirá cuenta por sus ovejas" (**Hebreos 13:17**).

"Cuentan con el mejor modelo; El Buen Pastor. Están en el frente de la batalla y por esto sus troncos y extremidades lo sostienen y le conectan" (**Juan 10:11-13**).

"El llamado bíblico es que el Señor lo ha mandado para buscar (1ro) y cuidar (2do) al rebaño" (**Ezequiel 34:11**).

"La responsabilidad del pastor: Fortalecer las ovejas débiles, curar las enfermas vendar sus heridas buscar a las descarriadas y volverlas al redil" (**Ezequiel 34: 3-4**).

¿Estás pendiente de las necesidades de tus ovejas? ¿Las conoces? ¿Cuidas? ¿Alimentas espiritualmente?

Es un gran privilegio para las ovejas contar con un pastor con un corazón semejante al de Cristo (*Jeremías 3:15*). Las ovejas te amarán, agradecerán, honrarán, ayudarán respetarán, entregarán y comprenderán que eres un ser humano con debilidades igual que nosotros. La mujer y sus hijos que están viviendo una relación de abuso te necesitan.

¿Saben ustedes con claridad cuál es su papel ante un caso en su iglesia de violencia doméstica? Si su respuesta es un no, le animo amado pastor a que esté preparado, porque esto es una situación que se da cada vez con más frecuencia.

¿Se siente preparado para ayudarla? ¿Tiene los recursos adecuados?

La teología "confusa" mantiene al hombre en una posición superior y a la mujer en una de sumisión. Hombres machistas son avalados por enseñanzas doctrinales y esto permite que la mujer sea maltratada. ¡QUÉ CORAJE!

Resulta doloroso y decepcionante acercarse a un pastor exponiendo lo que estás viviendo y oír un: "vamos a orar" o "usted no se puede separar o divorciar", cuando tú eres la que sabes lo que vives en casa. **¡Me resulta indignante e irresponsable!** No es suficiente alentar a la mujer en su comunidad de fe, a convivir con un hombre que amenaza con matarla. Ella lo que necesita es protección y apoyo. ¡Que esa mujer y sus hijos vean en ti la compasión que tendría el mismo Jesús para ella!

¿Cuál es el mensaje real de las siguientes citas bíblicas?

Esposas, sométanse a sus propios esposos como al Señor. Porque el esposo es cabeza y Salvador de la iglesia, la cual es su cuerpo (**Efesios 5:22-23**). En ocasiones ignorando el contenido de los versículos 24 y 25 (Te invito a buscarlo y leerlo)

¿Qué mujer cristiana se negaría o no estaría dispuesta a someterse a un esposo sometido a Cristo? ¡Yo sería la primera en la fila!

"Dios nos creó **iguales y diferentes.** Igualdad en dignidad, diferentes en roles. De ahí que tenemos diferencias biológicas, sociológicas, psicológicas, antropológicas."

(José Dunker, Libro *Iguales y Diferentes*, 2002, p. 43-62)

La mujer no tiene potestad sobre su propio cuerpo, sino el marido: ni tampoco el marido tiene potestad sobre su propio cuerpo, sino la mujer **(1 Corintios 7:4)**. (Ver los versículos 3 y 5). Sin lugar a dudas, la parte de este versículo goza de popularidad entre los hombres evangélicos: "Tu cuerpo es mío, no te me puedes negar", sin importar el trato que le están dando y hace que esa mujer no quiera ser ni tocada. Una crueldad, desde mi punto de vista.

¿Cómo ha de sentirse una mujer o los hijos al ver a su marido/su papá con un comportamiento diferente en la iglesia al trato que ella/ellos reciben en casa? Predicando o enseñando y ella callada sin atreverse a hablar.

Escuché a un pastor decir: "Si usted quiere ver como es el esposo en la casa, observe a su mujer cuando esté predicando o enseñando". Y yo lo creo. Los efectos de la falta de un manejo adecuado de este problema dentro de las iglesias, por pastores y líderes tienen un nivel inimaginable.

Uno de los más abarcadores estudios sobre la violencia doméstica en la iglesia fue realizado en la década de los ochenta por el psicólogo clínico Jim M. Alsdorf, un egresado del Seminario Teológico Fuller. Participaron 5,700 pastores protestantes de Estados Unidos y Canadá. El estudio reveló que, aunque la mayoría de los pastores confrontaban el abuso conyugal en sus ministerios, regularmente no se preocupaban demasiado por esto, ya que ven la situación desde una perspectiva patriarcal. "En esencia, de acuerdo con la Biblia, se supone que el hombre es cabeza del hogar, así que un poco de gritos y golpes están bien", consideran los hallazgos de Alsdorf.

- El 26% de los pastores encuestados dijo que normalmente le dicen a la mujer víctima de abuso conyugal que debe continuar sometiéndose a su marido y que "confíe que Dios va a honrar su acción parando el abuso o dándole la fuerza para aguantarlo"

· El 25% dijo que lo que desata la violencia en primer lugar es la falta de sumisión de la esposa. En otras palabras, estos pastores creen que el abuso es en realidad culpa de la mujer. Se les dice a las mujeres que si "aprendieran a someterse" el abuso terminaría.

· La mayoría de los pastores contestó que es mejor para la mujer tolerar algún nivel de violencia en el hogar, a pesar de que no es "la perfecta voluntad de Dios" que buscar una separación que podría terminar en divorcio. ¿Es mejor aún si la mujer es asesinada, mutilada o violada?

· El 71% de los ministros dijo que nunca aconsejaría a una esposa maltratada que dejara al esposo o que se separara a causa del abuso, y el 92% señaló que nunca le aconsejaría divorciarse.

(J. Lee Grady, 10 mentiras que las iglesias le dicen a las mujeres, 2013)

A pesar de que el estudio anterior data de la década de los 80, te aseguro por experiencia propia que hoy en día el panorama no ha experimentado grandes avances. Seguimos teniendo casos de mujeres dentro de las iglesias siendo maltratadas por sus parejas, que buscan el apoyo de sus pastores y líderes teniendo como respuesta que oren.

Otro punto con relación al estudio anterior es que muestra que al parecer no es una problemática exclusiva de República Dominicana.

La situación que viví culminó en el 2014. Aunque los pastores velan por el mantenimiento de los matrimonios, deben ponderar con seriedad la dignidad, el sufrimiento y seguridad de su "oveja". Líderes con ideas machistas abogando a favor de la persona que por años te maltrató en todas formas y opinando con juicios fuertes y desconsiderados. **¡Eso tiene que parar!**

Estoy segura de que Dios no aprueba un matrimonio con un hombre maltratador, creyéndose superior a su esposa y esto está destinado al fracaso. Dios le regaló a Adán su Eva (Él no se la pidió) para que fuera su ayuda idónea, su compañera, al parecer él no lo podía hacer solo.

Muchos pastores y líderes tienen una idea equivocada de la **sumisión** en el matrimonio. La **sumisión bíblica** está caracterizada por lealtad, compromiso, respeto, humildad, consideración, deferencia, y buscar el bien. Idealmente debería ser recíproca.

Sé de algunos pastores que han decidido incursionar (gracias a Dios) en estudios de psicología o terapia familiar, pero también tengo contacto, por ser sobreviviente de violencia doméstica, con mujeres cristianas que han estado o están pasando por la situación y las quejas siguen siendo las mismas. Es un tema que se encuentra tapado con una preciosa alfombra y del cual muchos no se atreven a hablar.

Afirmo con responsabilidad que, un alto porcentaje de pastores desconoce el manejo de este tema y lo hacen con un enfoque "Religioso" olvidando que somos seres tripartitos: alma, cuerpo y espíritu (**1 Tesalonicenses 5:23**).

He sabido de personas que son miembros de iglesias y tienen estudios profesionales de la conducta y pueden asistir a los pastores y líderes en el manejo de estas situaciones. Sé del caso de dos amigas cristianas; la primera junto a sus dos hijos vivió todos los tipos de violencia doméstica durante 8 años y su pastor le aconsejaba que siguiera orando para que él cambiara. La segunda, con 20 años de matrimonio y el esposo reincidente en infidelidad de las cuales tuvo una hija con otra mujer. Esto la devastó. Ella no siente confianza para comunicarse con los líderes de su iglesia, entonces, decidió hablar con su pastor y él le respondió que iban a orar.

Estos temas se suelen tratar como secretos. En ocasiones, para guardar la imagen de la iglesia o la propia mujer por vergüenza social. Debido a que este tema es una realidad social y familiar que no escapa a la iglesia, un aporte interesante que podría evaluarse dentro de las iglesias sería la creación de algún comité que involucre profesionales en la materia para encargarlos de cualquier caso que se presente.

Cerraré este capítulo con el contenido de un texto que vi en Facebook hace unos días: "Mujeres cristianas, si su marido la golpea y su pastor le dice que ore y no denuncie, denuncie al marido y al pastor también".

Usted, pastor o líder que me lee, lo mínimo que puede hacer es ofrecerle a esa mujer información de dónde encontrar ayuda y algunas medidas para prevenir la violencia. Por aquí dejaré algunas sugerencias y materiales que puedes utilizar u ofrecer a una mujer que está ante una situación de violencia.

Materiales y Sugerencias de ayuda:

A.

Algunas medidas para prevenir la violencia doméstica

- Deja de negártelo a ti misma. Esto se llama autonegación

- Admite que estás siendo maltratada, constituye el primer paso hacia la salida.

- Lee sobre el ciclo de la violencia y así podrás identificar una crisis.

- Tener conocimientos acerca de las etapas del ciclo de violencia te ayuda a tomar medidas de protección tanto para ti como para tus hijos.

- Conversa con una persona de confianza sobre lo que piensas o estás pasando. Será de ayuda ya que además de tener quien te escuche puede socorrerte ante una situación de inminente peligro.

- Cuando las tensiones suban, trata de aislarte en la misma casa.

- Aislarte o estar cerca de una salida, evita exponerte. Mantente lejos de la cocina, baños y habitaciones a menos que ahí exista una puerta de salida.

- No justifiques lo inexcusable. No utilices excusas para justificar conductas que te dañan provenientes de tu agresor. "Él solo actúa así porque me ama" ¡No eres culpable!

- Si la situación se vuelve peligrosa, y entiendes que no hay salida inmediata, haz lo que tu agresor te pide, hasta intentar calmarlo.

B. PLAN DE SEGURIDAD

Es recomendable elaborar un plan de seguridad que será de ayuda para ti y tus hijos en caso de que decidas o necesites irte. Estas son algunas ideas:

- Guarda copia de todos los documentos importantes fuera de tu casa.

- Prepara un bulto con algunas mudas de ropas y artículos personales. Guárdalos en un lugar seguro que no sea tu casa donde puedas ir por alojamiento.

Algunos documentos y cosas importantes que debes guardar son:

- Algo de dinero, libretas bancarias
- Actas de nacimiento, tuya y de tus hijos, acta de matrimonio (si estás casada)
- Identificaciones
- Pasaportes

Además:

- Llaves de carro y casa
- Tarjetas de vacunas
- Boletines de calificaciones de los hijos
- Lista con números de teléfonos importantes

¡No olvides que el tiempo más peligroso es cuando decides irte, por tanto, recuerda elaborar tu plan de salida con mucho cuidado!

C-Directorio Nacional de Instituciones que trabajan contra la erradicación de la Violencia contra las mujeres y niñas.

directorio _ victimas.pdf (observatoriojusticiaygenero. gob.do)

CAPÍTULO VI

LA AUTOESTIMA, MI SALIDA

Escribir acerca de un tema que dolió tanto y que viviste por casi veinte años, resulta un desafío. Es intentar y soltar, se revive lo vivido, se vuelve a cada escena, se oyen los insultos, pero, además, es un acto de valentía y de compromiso con las mujeres que están atravesando lo mismo. Lo he asumido como una responsabilidad. Haber vivido esta desagradable experiencia me permite sentir el dolor de las mujeres que están en una situación similar, apoyarlas y entenderlas mejor que quienes no lo han vivido.

En mi familia de origen tengo cuatro hermanas, un varón (fallecido hace 39 años), mi madre, una mujer trabajadora y honesta, con hijos de tres uniones. Mi papá bebedor, fumador, jugador, mujeriego y trabajador, de quien en los primeros años era su niña linda y que después yo le contaba a mi mamá de sus infidelidades, porque él me llevaba a donde sus amantes y eso hizo que mi trono se derrumbara.

Comparto estos detalles de mi familia de origen con el propósito de subrayar la relevancia de las experiencias en el lugar de crecimiento. En la familia de origen se forma el carácter y se entreteje la vida. Creencias, patrones de conducta, costumbres y sobre todo se forja la autoestima y la dignidad humana, esta última consignada como el respeto hacia sí mismo.

Antes de llegar al matrimonio, mi expareja y yo tuvimos una relación consensual (unión libre) de aproximadamente un año y seis meses. Durante ese tiempo, te miento si te digo que no hubo señales de violencia: fuertes empujones hasta hacerme caer, halones de pelo, bofetadas, insultos verbales, y aun así me casé. Ya casada con él, los eventos de violencia eran esporádicos, pero fuertes. En diversas oportunidades estuve a punto de perder la vida junto a mis hijos.

Recuerdo con profunda tristeza un día en el que él había ingerido bastante alcohol y celoso me amenazaba con unas tijeras. Mi hija, que tenía como 8 años, le rogó: **"por favor no me mates a mi mamá, tú no tienes mamá, no me mates la mía"** y eso lo tranquilizó.

Viví tiempos muy "bonitos y de absoluta tranquilidad" durante los cuales albergaba la esperanza de que los desagradables no se repitieran, pero sucedían una y otra vez.

A finales del 1997, poco tiempo después de casarme, me convertí a Jesucristo. Asistía a la iglesia con regularidad y allí llegué a ser líder de las mujeres, maestra de la Escuela Dominical y directora del Departamento de Educación de la iglesia. En el orden laboral, maestra y directora de escuelas privadas.

Una temporada crítica fue durante mi tercer embarazo. Llegué a creer que el bebé no nacería o vendría con problemas de tanto que sufrí y lloré. Gracias a Dios nació con excelente salud y en este momento tiene 20 años.

Para mí, ir a la universidad fue un desafío. Pleitos y una constante oposición para que yo estudiara y asistiera a la universidad. Cada vez que me separaba de él, me escondía en casa de mi mamá o de amigas en el interior del país. La separación más larga de 7 separaciones duró como once meses.

Después que di a luz a mi tercer hijo, andaba todo el día con mi bebé cargado y un bulto con su leche, agua, pañales. Ese peso ocasionó problemas de salud en mi espalda y piernas.

Durante el día, enseñaba a pequeños grupos de maestras en colegios de amigas directoras y así producía dinero y la verdad es que en ese momento no tenía un espacio propio donde estar, y en la noche dormía en el piso de una iglesia junto a mi hijo menor, a los otros dos los había enviado de vacaciones de verano a los Estados Unidos para aprovechar e intentar la separación. Ya para ese momento, las amistades y familiares no me querían en sus casas, unos por miedo a que mi esposo les hiciera un desastre, otros porque entendían era un "relajo", por las múltiples separaciones y reconciliaciones. ¿Recuerdas lo que te conté en el capítulo anterior que me dijo mi padre?

Durante todos esos años, tenía tremenda carga de dolores y sufrimientos que me encadenaban. Soy cristiana evangélica y me casé "hasta que la muerte nos separe". Venía de otros divorcios y quería mantener ese matrimonio. Las creencias espirituales crean un conflicto en mi mente y me arropaba la vergüenza, y como Directora de un colegio no quería que la gente supiera, lo que me acontecía, aunque obviamente los cercanos se daban cuenta de algunas cosas.

Con frecuencia, las mujeres deciden quedarse en matrimonios donde sufren violencia, ya que están influenciadas por valores culturales, familiares o religiosos que defienden el mantenimiento de la "familia unida" y el matrimonio "hasta que la muerte los separe". Estas fueron algunas de mis razones para permanecer por 17 años en un matrimonio violento, pasando por todos los tipos de violencia: Abuso físico, verbal, psicológico, emocional, económico y sexual.

Concepciones sobre autoestima

Nadie puede dar lo que no tiene. No es casual que exista un mandamiento bíblico que nos insta a amar al prójimo como a nosotros mismos. (Mateo 22:39) Te invito a disfrutar del inmenso amor de Dios hacia ti. La autoestima equilibrada es una garantía de vida que nos permite filtrar qué permitimos en el trato de los demás hacia nosotros y qué no. Suele pasar que entramos en ese tipo de relación debido a una baja estima o que ya estando dentro, la misma se diluye, producto de lo vivido. Recordemos que el agresor busca mantener su poder de una manera despiadada y a través de los diferentes tipos de maltratos, logra destruir la autoestima de su pareja.

"Se conoce como autoestima a un conjunto de percepciones, valoraciones y apreciaciones que un individuo tiene respecto a sí mismo o a las actividades que realiza. Esto puede enfocarse en la totalidad de su persona, en sus labores, o en la apariencia corporal, etc. Se trata de la evaluación que hacemos ordinariamente de nosotros mismos." afirma María Estela Raffino (Autoestima, 2020)

De acuerdo con Nathaniel Branden, la autoestima es la disposición a experimentarse a sí mismo como competente para enfrentar los desafíos básicos de la vida y ser digno de felicidad. (Nathaniel Branden, p. 13, 2010).

Para mí autoestima, es el respeto hacia mí misma, la coherencia entre lo que se piensa, dice y hace. Contiene un elemento de dignidad y valor espiritual.

Fuimos creadas a imagen de Dios y esto nos hace valiosas.

Al inicio de nuestras vidas, somos inocentes, confiados, vulnerables, necesitados, indefensos. Luego, con las experiencias de vida, desde la infancia hasta la adultez, que incluyen conflictos, rechazos, separaciones, falta de amor, malos tratos, en fin, relaciones difíciles, dejamos de ser quienes inicialmente éramos, nos adaptamos, encajamos y construimos diferentes murallas de protección que nos deforman.

Son los padres, personas cercanas y de autoridad en nuestras vidas los principales constructores de nuestra autoestima. Llegar a una relación de pareja con situaciones no resueltas de la niñez es un mal pronóstico para el éxito de esa relación.

La autoestima no es algo que elegimos tener o que aparece de forma natural, sino que la desarrollamos a lo largo de la vida dependiendo de lo que hemos experimentado en las relaciones sociales. Se desarrolla en la familia.

Las conductas humanas requieren de la capacidad de dar significado a las experiencias, decidir mejorar el futuro, auto planificarse, pero también la posibilidad de reflexionar acerca de los fracasos y errores. De ahí la importancia de la autoestima como centro de la personalidad y de las relaciones interpersonales.

Ya hemos visto que la violencia en la mujer maltratada genera un deterioro significativo de cómo ella se percibe, que la impulsa al aumento de una autovaloración negativa e incompetencia, disminuyendo la capacidad para enfrentar adecuadamente la situación de maltrato.

Frente al tema de violencia doméstica, una de las áreas principales que ataca el agresor es precisamente la autoestima. Así trata de establecer un sistema de control sobre la víctima haciéndola sentir poca cosa y que nadie le hará caso. Imagina si esa mujer ya viene con una descalificación y maltrato de sus padres y personas adultas de su entorno, en ese sentido será mucho más fácil para lograrlo.

La baja estima, la inseguridad y el miedo nublan la vista, hacen pensar que no hay otra opción. Todo lo demás tiene como resultado un deterioro físico, psíquico y mental. En la medida que una se va debilitando, el agresor toma terreno, tal cual animal depredador frente a la presa elegida.

Después de la separación, es necesaria una atención multidisciplinaria para la mujer, que la ayude a recuperarse de manera integral. Si estás en una relación con un agresor, es esencial que reconozcas que nada de lo que hagas cambiará la situación. Puedes llegar a pensar que puedes de alguna manera no discutir, ni opinar, buscar terapia. Nada en lo absoluto, incluyendo sacrificar tu seguridad y tu valor propio. No se trata de ti, se trata de que estás con una persona violenta y es un tema que él deberá resolver por sí mismo.

Conversaba con una colega en Terapia Familiar, con bastante experiencia en relación a este tema, pues ha trabajado por muchos años con mujeres sobrevivientes de violencia doméstica y me compartía un poco lo que piensa acerca del proceso de recuperación:

"Cada caso es único y de igual manera la recuperación. He tenido pacientes que han logrado progresos a largo, corto y mediano plazo, pero en general toma mucho tiempo. Algunas llegan rotas, literalmente rotas y con tratamientos psiquiátricos, tomando medicamentos. Pienso que para este grupo es más difícil y largo, ya que están aletargadas por el efecto transitorio de los fármacos prescriptos. No funcionales para trabajar, sentirse útiles y tomar las riendas de sus vidas, las de recuperación más cortas son aquellas que eligen tener una razón por la cual luchar que muchas veces está asociada con los hijos".

Algo que llamó poderosamente mi atención es que ella usa **sobrevivientes** en vez de **víctimas.** Ya que la víctima se relaciona a tristeza, desesperanza, sufrimiento y daño. Mientras que sobreviviente se refiere a vida y a alguien que sigue funcionando después de superar dificultades.

Reflexionemos en lo siguiente. Cuando alguna persona siente algún síntoma que la hace pensar que está enferma, lo primero que suele hacer es ir al médico, después sigue sus recomendaciones, análisis, estudios y demás. Con lo anterior, le harán un diagnóstico y le recomendarán un tratamiento. Pasado un tiempo, es probable que necesite nuevas evaluaciones médicas que determinarán su estado de salud si mejoró, sanó o sigue igual.

Es posible realizar una analogía del estado de salud física con el estado de la salud emocional *"camino a la recuperación"*. Identificas los síntomas, buscas ayuda, sigues las recomendaciones, tratamientos y cada cierto tiempo te evalúas.

En gran medida, la recuperación depende de ti. La propuesta es que tienes un alto porcentaje de responsabilidad contigo misma. Entendiendo que, la niñez, como también las experiencias que tuvimos, han influido en lo que hoy somos, es posible tomar las riendas de nuestras vidas, enfrentar esa realidad con coraje, valor y decisión para ser gestoras de un cambio grandioso en nuestras vidas, soltar todas esas etiquetas y críticas que venimos arrastrando, tomar el bolígrafo y escribir los capítulos que te quedan por vivir.

Trabajar arduamente para recuperar la confianza en ti misma, ayuda bastante el hecho de que tengas presente **que tu agresor no te ama, no te valora y no te respeta.**

Elige crear un nuevo libreto. **¡Ahora la decisión es tuya!** Tienes el poder de marcar la diferencia. Trabaja para aumentar la seguridad en ti misma. Es recomendable hacerlo tanto de forma individual como grupal, a través de grupos de apoyo. Cada motivación, técnica, recurso, sugerencia o ejercicio sugerido en este libro tiene un tema central dirigido a la mujer que está viviendo violencia y decide salir, pero pueden ser de gran ayuda para ser usados como referentes para el manejo de otras situaciones que te han marcado de manera negativa.

Eres merecedora de una vida libre de violencia. Ámate ¡NO te quedes!

Toma de Decisiones

Cuando vives con miedo y estrés extremo por muchos años, puedes sufrir deterioro mental, emocional y físico. Poco a poco puedes ir perdiendo capacidades para pensar, sentir y tomar decisiones.

Pude dar el paso a raíz de un tiempo reflexivo que me llevó a repensar y darme cuenta de los altos riesgos que yo estaba corriendo junto con mis hijos. Hubo dos factores principales que me llevaron a tomar la decisión definitiva de salir. Primero pensé en mí, no merecía vivir una vida donde mi integridad, dignidad y cuerpo eran atropellados.

En segundo lugar, ya mis tres hijos estaban grandes, dos de los cuales aún vivían conmigo y eran testigos frecuentes de los maltratos. Pude visualizar los daños que ellos habían recibido y temía algún tipo de enfrentamiento entre mis hijos y mi agresor.

Al fin, a finales del año 2014, tras cuestionarme si era merecedora de esa vida para siempre, tomé la decisión de separarme de manera definitiva. Además del peligro en la salida tuve que enfrentar diferentes obstáculos: Prejuicios sociales, dificultades económicas, cambio radical del entorno y el más doloroso de todos, tener que separarme de uno de mis hijos.

Leer sobre el tema de violencia y sus consecuencias, enseñar y dar conferencias de autoestima, me ayudó a entender muchas cosas que las estaba palpando en mí: enfermé de una condición crónica en el sistema inmunológico, sin lugar a duda y médicamente hablando producto de todo lo vivido, ya que las emociones tóxicas empeoran los efectos de las enfermedades, agregando nuevos procesos bioquímicos contra lo que el cuerpo debe luchar para vencer.

"En una enfermedad auto inmune, el ejército del cuerpo en vez de atacar a los invasores, comienza a atacar a los tejidos y órganos sanos" (*Emociones que matan*, Don Colbert, p. 132).

También, logré completar mi maestría en Terapia Familiar, lo que incluyó recibir sesiones de terapia antes de graduarme. Estoy segura de que eso abrió mi mente, que estuvo en un letargo por años.

Decidí que no quería que mis hijos quedaran huérfanos. **Puedo afirmar que cuando empecé a amarme de verdad, fue mi salida.** Un dato importante, es que nunca dejé de ser funcional, a pesar de estar desecha por dentro, nunca paré de trabajar y eso me permitía ciertas facilidades de índole económica. No dependía de él económicamente. No tener ingresos propios es una gran desventaja para otras mujeres en igual situación que la mía.

El camino es largo y difícil, no puedo decirte que ha sido fácil, tampoco que es magia, es un estar animada hoy y mañana sentirse desanimada. Es una lucha constante por las emociones que afloran con frecuencia. Pensar que cualquier tiempo que estoy viviendo es mejor que el anterior me sigue dando fortaleza para avanzar hacia la vida plena que siempre he anhelado.

Entendí que no tenía hermano ni papá que me defendiera, que tenía que hacerlo sola. No tuve en esencia una red de apoyo familiar, de ahí la necesidad de que el apoyo familiar se convierta en una real asistencia y acompañamiento a la mujer que sufre.

Tomé la decisión de separarme definitivamente. Esto me costó bastante, tuve que dejar mi país, negocio, casa y vehículo propio, amistades e iglesia. Emigré a USA donde llevo seis años al momento, con una historia digna de ser una segunda parte de este libro.

Ejercicios para fortalecer la autoestima

Después de haber vivido por muchos años la experiencia de la violencia doméstica en todas sus expresiones, te comparto estas herramientas, esperando que te sean útiles. El ejercicio 1 está tomado del libro *Las cinco libertades*, de Virginia Satir (2008, p. 22). Los ejercicios 2, 3 creados por mí y el 4 y 5 fueron tomados de https://psicologia-estrategica.com/autoestima-3-ejercicios-fortalecerla/. En internet puedes encontrar abundantes materiales de ayuda gratis, incluyendo test para medir tu autoestima.

1. Las Cinco Libertades, Virginia Satir.

A partir de lo planteado en estas cinco libertades, puedes iniciar un ejercicio reflexivo sobre ti y tu camino a la recuperación.

- Libertad para ser lo que **uno es ahora**, en vez de lo que fue, será o debería ser.

- Libertad para sentir **lo que se siente**, en lugar de lo que se supone que debería sentir.

- Libertad para decir lo que **uno siente y piensa**, en vez de lo que se supone que debería sentir y pensar.

- Libertad para correr **riesgos por cuenta propia,** en lugar de elegir siempre lo que se considera «seguro» y no perturbar la tranquilidad.

- Libertad para pedir **lo que uno quiere**, en lugar de ponerse a esperar que alguien le dé permiso.

2. Completa este ejercicio de autoconcepto

Intencionalmente, comienza a pensar, decir, y escribir cosas buenas sobre ti. Reafirma tus mejores cualidades.

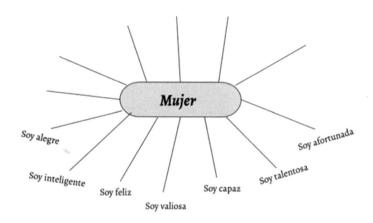

ÁMATE ¡NO TE QUEDES!

3. Distorsiones cognitivas:

*Cambia tus pensamientos negativos por positivos. Puedes am-
pliar el ejercicio en base a tus propios pensamientos negativos.*

Negativos	Positivos
Soy una perdedora	Soy una vencedora
Nadie me ama	
Tengo miedo a fallar	
Estoy vacía(o)	
Soy un desastre	
Nada me sale bien	
Estoy completamente sola	
Siento culpa	
No sé hacer nada bien	
Cómo desearía ser tan talentosa(o) como ella(el)	

4. El sorteo de auto regalos

Este ejercicio tiene como finalidad fomentar el autocui-
dado, autorrespeto y el "mimarnos" a nosotras mismas.

Para ello comenzaremos haciendo un listado de pe-
queñas cosas agradables que podemos hacer por nosotras
mismas en el día a día.

Se trataría de cosas que impliquen "mimarte", cuidarte y
fomentar actividades agradables o que te causen bienestar.

Dedícale tiempo e intenta hacer la lista lo más larga
que puedas. No se trata de poner grandes cosas, sino temas cotidianos. Si es posible, que impliquen acciones o

experiencias (no regalos materiales). Por ejemplo: escuchar un disco que te gusta, ir al gimnasio (o algo que tenga que ver con cuidar tu salud), probar un nuevo peinado, pasear un rato por un parque, llamar a algún amigo para charlar, preparar un plato que te gusta, leer un rato. ¿Qué se te ocurre?

Intenta que la lista sea bastante larga. Dedícale un día o dos sólo a elaborarla.

Cuando tengas tu listado de "premios", crearemos el método para el sorteo: has de poner cada una de estas actividades en un papelito que doblarás y pondrás en una cajita o frasco que te guste. Dedícale tiempo a hacerlo bonito y creativo (papelitos de colores, una cajita personalizada, etc.)

Cuando lo tengas listo, "empieza el sorteo". Cada día por la mañana, debes sacar un papelito de la caja y darte el "premio" que te haya tocado. Así, día a día hasta acabar todos los papelitos. Pero ¡No los tires! porque luego puedes volver a empezar el "sorteo de premios diarios" y añadir otras cosas que se te ocurran.

Otra variante (idea de una consultante) es hacer una lista numerada de "auto regalos" e ir tirando dados.

5. Hablar con el espejo

Cada día frente al espejo debes mirarte a los ojos y hablarte adoptando un tono de voz y postura "como si" te sintieras segura y confiada. En este ejercicio, lo más importante es el espejo, mirarte a los ojos, reconocerte y luego decirte qué vas a hacer hoy por ti, darte un consejo, un halago o ánimos para el día.

Puede que al principio te resulte incómodo, artificial o ridículo, pero has de superar esa sensación y hacerlo cada día durante al menos 3 semanas, como un reto. ¿Te atreves?

Los mensajes pueden ser siempre los mismos o diferentes: pueden tener que ver con lo que vas a hacer, con tus cualidades, o mensajes de ánimo y aprobación.

No se trata de mentirte o darte mensajes irreales, nada de "todo va a salir estupendo" o "eres la mejor persona del mundo". Se trata de conectar contigo, adoptar una postura erguida, calma, y hablar con tono cariñoso.

Hoy voy a hacer (tal cosa) por mí (ir al gimnasio, ir a tomar café con mi amiga). Puedes usar los "regalos" diarios aquí.

Soy bueno/a resolviendo tal o cual cosa.

Soy (+ cualidades positivas que tengas).

Hoy voy a terminar...

Doy gracias por... (algo que agradezcas)

Conectar contigo y trabajar tu aceptación y comunicación interna es el primer paso para una buena relación contigo misma.

CAPÍTULO VII

CAMINO A LA RECUPERACIÓN

Es recomendable buscar cómo sacar el dolor. Puedes usar las habilidades que poseas: cantar, escribir, dibujar, componer, servir en algún grupo de apoyo. En mi caso, la técnica de escribir poesías y mi historia ha sido mi camino a la recuperación.

El objetivo es enfocarse en sanar específicamente las áreas que fueron dañadas, potencializando tus fortalezas.

En este capítulo, llegamos al propicio momento donde la "*víctima*" cambia de nombre y empieza a llamarse "*sobreviviente*".

A continuación, anexo cuatro poesías de mi autoría:

HISTORIAS DISTINTAS

Cuántas historias secretas
que nunca se contarán
con control y agresiones
privación de libertad.

Va pasando el tiempo
y no alcanzan a pensar
de qué manera podrían
ver sus vidas cambiar.

Un poco ilusas piensan:
¡Algún día él cambiará!
Le sorprenden los eventos
repetidos sin cesar.

El miedo paralizante
no te permite avanzar
preocupada de cómo
ella a los suyos sostendrá.

Inocentemente piensan
en la ayuda que él les da
sin saber que lo primero
es de sí misma cuidar.

Tu caso no es único
y te quiero aclarar:
latinas, asiáticas, africanas
a todas nos puede afectar.

Penosamente muchas
no supieron parar
allí se quedaron y
hoy, con nosotras ya no están.

Si así tú lo decides
todo aquello olvidarás
y a partir de ahora mismo
tu vida verás cambiar.

Hoy ha llegado el día
¡El día de celebrar!
Eres libre y ya puedes
tu gran historia contar.

TU ESENCIA

Tú como yo has pasado
momentos de soledad
por terribles situaciones
que hoy no quieres recordar.

Alguien en quien creíste
y que te prometió amar
te sorprende y de repente
te comienza a maltratar.

Debido a muchas razones
tú decides callar
si los hijos, la familia
y hasta religiosidad.

Un buen día despertaste
y decides parar
con mucho miedo y vergüenza
ayuda vas a buscar.

A ti que estás decidida
hoy te quiero recordar
que tu valor es inmenso
y no debes volver atrás.

Es en la esencia que tienes
donde puedes encontrar
todos los elementos
que te harán triunfar.

Mi heroína preferida
la que fuerzas me da
y muy juntitas podremos
a otras acompañar.

Ternura, dulzura e inteligencia
autoestima sin igual
Esas partes de tu esencia
que la victoria te dará.
Tu valor no se calcula
Nadie podrá comprar
tu coraje y valentía
ahí en tu esencia están.

CUANDO YO TE CONOCÍ

Cuando yo te conocí...

creía que era feliz,
tenía dos de mis hijos, mi esposo, pero no te tenía a ti;
tomaba, bailaba, parecía que disfrutaba,
realmente no era así.

Lo que menos sospechaba,
que tu mirada estaba en mí,
Ya sabías, tu sabías lo que venía por ahí,
Los planes trazaditos los tenías para mí.

Aflicción, tristeza y pena llegaron
¿Qué pasó?, me preguntaba,
No entendía, que tú estabas ahí
Por mi mente no pasabas, no te sentía en mí.

¡Qué sorpresa me he llevado!
Cómo me guardaste a mí,
muchos miedos, muchas penas
sufrimiento y vacía yo sin ti.

Fue creciendo día a día
en mi vida amor por ti;
Mi familia temerosa
creían que yo iba a morir.

Lo que ellos no sabían
es que tú peleabas por mí;
Tu peleaste poco a poco,
con esmero, con afán.

Que cuidado tan hermoso me supiste propiciar,
ya entendí la mejor parte;
la entendí gracias a ti
Y es que querías que viviera para ti.

Ya mi vida te he entregado
no podré sin ti vivir;
No me dejes, no me faltes
que es que ya te conocí.

PERDONA

Perdona mi desconocimiento
Perdona mi apatía
Perdona mi indiferencia
ante tu inmenso sufrimiento.

No entendía tus luchas
tus miedos, tu vergüenza
Desconocía tu silencio
tu carga tan pesada.

Viviendo tu día a día
con miedos, angustia y dolor
Yo, señalando tus fallas
juzgando tu indecisión.

Perdona, desconocía
tu real condición
Ahora entiendo
y te ofrezco toda mi comprensión.

Nadie como tú sabe
la real situación
Todos te fallamos
la familia, amigos, y hasta yo.

Perdona, no te apoyamos
sin conocer tu razón,
Te falló el sistema
y hasta tu nación.

Perdona mujer valiente
guerrera fuerte,
libre de culpa, vergüenza y miedo
Tu frente en alto, libre estás.

Sé que desde lejos viene
toda esta situación
Ahora celebro contigo
tu camino a la recuperación.

¡Se acerca el momento de tu liberación!

Referencias

Corsi, J. (1995). *Violencia Familiar: Una mirada interdisciplinaria sobre un grave problema social.* Editorial Paidos SAICF. Buenos Aires.

Dr. Colbert, D. *(2011). El camino de la emoción dañina a la enfermedad fatal.* Ed. Grupo Nelson. *Emociones que matan.* (p. 132). Trad. Grupo Nivel Uno, Inc. Tennessee: Estados Unidos.

Dunker, J. (2001). *Iguales y diferentes sus bases psicológicas.*

Ed. BUHO. *Iguales y Diferentes.* (p. 56).

Santo Domingo: República Dominicana.

Edleson, J. y Eisikovits, Z. (1997) *Los niños como centro de la investigación y las intervenciones.* Ed. Granica, S.A. *Violencia Domestica: La mujer golpeada y a la familia.* (p. 180). Sage Publications, Inc. Buenos Aires: Argentina

Evans P. (2000). *Abuso Verbal.* Trad. Pruzzo Vilma. Edición: Buenos Aires, Argentina.

Lee Grady, J. (2000). *Mentira #10.* Trad. Ortiz O. *10 Mentiras que la Iglesia le dice a la mujer.* (p. 205). Casa Creación Inc. Florida: United States.

Susan Deaton, W. y Hertica, M. (2003). *Los Efectos de la Victoria Doméstica en los Niños.* Trad. J. Quinche C. *Crecimiento Libre.* (p. 15-27). The Haworth Press, Inc. Binghamton: New York.

CARMEN PIMENTEL

Webgrafía

A. (14 diciembre, 2020). *El ciclo de la violencia y un caso famoso.* CnbGuatemala.

http://tarjetarojaalaviolencia.blogspot.com/2014/10/el-ciclo-de-la-violencia.html?m=1

Ley 24-97, Sobre Violencia Intrafamiliar. (2014). Global Database on Violence against Women. https://evaw-global-database.unwomen.org/en/countries/americas/dominican-republic/1997/ley-24-97-sobre-violencia-intrafamiliar

rincondelvago.com. (7 de marzo, 2017). *Violencia familiar en la República Dominicana.* ISMAEL GUERRERO

.https://html.rincondelvago.com/violencia-familiar-en-la-republica-dominicana.html

CCADV. ¿Qué es la violencia doméstica? (2013). Connecticut Coalition Against Domestic Violence Make a Donation. http://www.ctcadv.org/en-espanol/que-es-la-violencia-domestica/

Mimenza, O. C., & Castillero Mimenza, O. (14 de diciembre, 2020). *Perfil del maltratador de violencia de género, en 12 rasgos.* Psicología y Mente. https://psicologiaymente.com/forense/perfil-maltratador-violencia-genero

Eguiarte, B. B. E. (2005). *PATRONES DE INTERACCIÓN FAMILIAR DE MADRES Y PADRES GENERADORES DE VIOLENCIA Y MALTRATO INFANTIL.* Scielo. http://www.scielo.org.co/scielo.php?script=sci_arttext&pid=S0123-91552005000100003

NutriBio Kids. (15 de octubre, 2020). *Las 5 áreas del desarrollo infantil.*

Las 5 áreas del desarrollo infantil | NutriBio Kids®

Satir, V. (30 de junio, 2008). El Contacto Intimo. Retrieved 1998, from https://bibliotecafcalbatros.files.wordpress.com/2014/05/en-contacto-c3adntimo.pdf

Gallardo Cruz, J. A. (13 de julio, 1996). *Psicothema– EFECTOS DEL MALTRATO Y DEL STATUS SOCIOMÉTRICO SOBRE LA ADAPTACIÓN SOCIAL Y AFECTIVO INFANTIL.* Psicothema. http://www.psicothema.com/psicothema.asp?id=80

Raffino, M. E. (22 de junio, 2020). *Autoestima.* Concepto. https://concepto.de/autoestima-2/

Branden, N. (14 de enero, 2010). Como Mejorar tu autoestima ?.

untitled (ttmib.org)

P. (20 de abril, 2020). *Autoestima: 3 ejercicios para fortalecerla.* Psicología Estratégica. https://psicologia-estrategica.com/autoestima-3-ejercicios-fortalecerla/

Satir, V. (25 de Julio, 2016). *LAS CINCO LIBERTADES, VIRGINIA SATIR.* Psicoterapia de Las Emociones. http://www.psicoterapiadelasemociones.com/de-la-emocion-a-la-reflexion-o-viceversa/las-cinco-libertades-virginia-satir/

World Health Organization. (23 de febrero, 2017). *Violencia contra la mujer.* Organización Mundial de La Salud. https://www.who.int/topics/gender_based_violence/es/

www.carmenpimentel.com

CARMEN PIMENTEL